ブダペストの街より
ハンガリー全土の
平和を祈る

定塚 甫
Jozuka Hajime

風詠社

ハンガリー革命（1956年）。首都ブダペストを制圧するソ連軍（Wikipedia より）

１９４０年、ハンガリー人民をホロコーストから救済したソ連軍戦車は、１９５６年以降、数倍のハンガリー人民を30年もの間、虐殺・虐待し続けたと言います。

本書ではその歴史を振り返ることで、ファシズムや一国社会主義、独裁者の生い立ち、日本軍の虐殺などに触れながら、平和と平等について考えてみたいと思います。

はじめに

ハンガリーの首都ブダペスト。

この街に短期間とはいえ滞在したのは、全く初めてのことでした。

隣のオーストリアやチェコなど、ほとんどの東欧諸国を訪問してきたのに、ハンガリー、そして首都であるブダペストにだけは、どうしても足が向かず、1965年頃に興味を持ち始めて、やっとのことで訪れたのです。

現在、ハンガリーにある「恐怖の館」という名称の歴史博物館は、かつてナチスの本部だった建物で、地下室は牢獄として使われていたそうです。共産党時代にはハンガリーのKGBにあたる国家保衛庁が、この建物内で拷問や殺害を行っていたとされています。

ハンガリーはナチスによるユダヤ人虐殺（ホロコースト）が行われた国であり、このような不幸な状況に置かれたハンガリーに対して、有名な鎖橋を渡ったソビエト軍が、ナチス軍を徹底的に鎮圧することで、正義の救済劇を演じたと言われていました。ところが一方では、そのソビエトによって「1万人以上の一般市民が虐殺された」という、俄には信じがたい歴史を持ち合わせているということまでは耳に入っていました。

一国社会主義を提唱し独裁政治を続けてきたスターリンが１９５３年に死亡すると、時代は反スターリン主義へと移行し始め、１９５６年10月23日、ハンガリーの市民が当時の政府に対して蜂起します（ハンガリー革命）。

彼らは多くの政府関係施設や区域を占拠し、労働者たる自分たちで決めた政策や方針を実施し始めました。ソビエトはこうした市民の反乱に対して、１９５６年10月23日と停戦を挟んだ１９５６年11月１日の２回、軍事介入をしました。そして１９５７年の１月にはソビエトが新たなハンガリー政府を任命し、ハンガリー人による改革を止めようとします。

蜂起はソビエトによってただちに鎮圧されたのですが、その過程で数千人の市民が殺害されました。そして25万人近くの人々が難民となり、オーストリアをはじめとする国外へ逃れたのです。ハンガリーではその後30年間、ソビエトによるこの事件に関して公に議論することが禁止されましたが、１９８０年代に採られたソビエトのペレストロイカ（60年間の一党独裁を再考し再構築するという意味）政策の頃から再評価が行われるようになり、１９８９年に現在のハンガリー第三共和国が樹立された際、10月23日は祝日に制定されたのです。

ソビエト・スターリン独裁主義によるハンガリー傀儡政権は、ソビエトによるナチス・ドイツ殲滅の合理化を進めるため、あたかもハンガリーがソビエトによって救済されたかのように見せかけ、実際にはソビエトに占領されていたことが明らかになりました。

第二次世界大戦がエンディングに近づいていた頃、西の方から追い詰められたナチス・ドイツを待ち受けていたソビエトは「好機到来」とばかりにハンガリー救済という大義のもとでナチス・ドイツの殲滅を図ったものの、その後、ソビエトが進めていた一国社会主義に不満を持っていたハンガリー市民がスターリンの死後に蜂起します。労働者革命はソビエト軍によって鎮圧されましたが、時代は反スターリン主義へと傾いていきます。

こうした経緯を見ても分かるように、スターリンが表舞台に出始めたときからソビエトには連邦創造などの意識はなく、「反スターリン頭脳の暗殺」や「反スターリン組織の撲滅」しか頭になかったのでしょう。「自分の命が奪われる前に相手の命を奪う」というのがスターリンの基本姿勢でしたから、「労働者主体の社会主義国家」を目指そうなどと考えたことはなかったと言えます。彼は自分が暗殺されるのではないかと恐れていたので、そのことが妄想となり常に脳裏から離れたことがなかったようです。スターリンの妄想的恐怖心が、その政治思想をさらに危険な方向へと向かわせていたようです。

スターリンは、なぜ危険な思想を持つようになったのでしょうか。

靴職人だった父は息子に職人を継がせたかったようですが、信心深かった母の影響もあってスターリンはグルジア正教会からの推薦で神学校に進みます。ところが、マルクス主義に傾倒したことで神学に対して疑問を抱き始めます。次第に共産主義革命に加わっていったスターリンは、信奉するレーニンの死去に伴い、自らを後継者と信じるようになったと言います。一国社会主義思想に傾倒するスターリンは、世界永久革命を主張するトロツキーと対立するようになります。やがてスターリンは全ての権限を自らの書記長職に集中させ、反スターリニストであったトロツキーを暗殺することに成功したのです。

「一国社会主義」とは社会主義国家の実現を目指す国が自らの力で国内改革を実行するというもので、「世界永久革命」とは社会主義が世界全土に行き渡るまで革命を続けるというものでした。つまり、一国社会主義思想は「自らの国のことは自らで行う」という考え方であり、最後まで「国家」という形態が残るため、国家間に貧富の差が生じるのは避けられないわけです。「社会主義の原点は平等にある」と考える市民は次第にスターリンの政策に不満を持つようになりますが、反対勢力への「粛清」などが繰り返されていたため、彼が存命のうちは表立った反対運動はできなかったのでしょう。16年前に救済しに来たソビエトが市民を踏み潰した事件を、ソビエト軍は「ハンガリー動乱」と呼び、ハンガリー市民は「ハンガリー革命」と呼びます。この出来事に関して、ソビエトは30年間に渡って公には勿論のこと、個人が口にすることさえ禁止し、警察およびKGBによる取り締まりはかつてのゲシュタポ（ドイツ秘密警察）を上回るほどに強化されました。

この取り締まりにより死亡したハンガリー人は５０００人とも1万人とも言われています。しかも、そのほとんどがホロコーストの起きた同じ場所で行われていたということです。その場所以外で虐殺された市民を加えれば、当然もっと多くの犠牲者がいたであろうことが想像できます。

スターリンの時代には「鉄のカーテン」による東西冷戦が続くのですが、ベルリンの壁が崩壊してブランデンブルク門が開門される１９８９年まで、互いに「向こう側では何が起きているのか」「どのような社会情勢なのか」「いかなる経済状況なのか」といったようなことが一切不明でした。

東西の壁は突然造られたわけではありません。常時監視される東側の暮らしの中で、貧困などに耐えかねた人たちが、銃撃で命を奪われるかもしれないということを承知の上で西側へ向かい始めたからでした。西へ逃れた人たちによって、東側の状況が西側に知られてしまうということを懸念したのです。

事実、スターリン率いる東側諸国の強制された「一国社会主義体制」の最も大きな問題は、経済状況の貧困化でした。各国の税制は「無税」であったものの、基本的な収入が低いため国民は貧困に苦しみ、国家の経済もソビエトによる規制があったため、対西側政策用の軍事産業だけが頼りであったと言われます。

その中でもＩＣＢＭ（大陸間弾道ミサイル）の開発競争には目を見張るものがあり、人工衛星研究戦争となっていったのです。東西ともにＩＣＢＭを配備したことで、使用すれば互いの国が滅亡することになるため威嚇するための道具となったのですが、国の予算は軍事・防衛費に費やされて国民の空腹を満たすことには一切貢献しませんでした。

目次

はじめに …… 3
一、スターリン主義とは …… 13
一国社会主義 13
ハンガリー革命前の状況 15
ファシズム 16
市民による蜂起 19
二、平等とは何か …… 21
特権階級への不満 21
差別的配分への反発 24
三、虐待されて育った独裁者たち …… 27
スターリンの場合 27

ヒトラーの場合　29
スターリニズム　30
反スターリン主義へ　32
市民活動の鎮圧と粛清　35
権力闘争と独裁の構図　39
外国人への粛清　44
大粛清の結末　46

四、スターリン批判

四、スターリン批判……51
個人崇拝とその結果について　51
スターリン時代の政治と社会　52
スターリン死後のソ連政治の動き　55
調査結果と報告までの経緯　56
ソ連共産党第20回大会　59
秘密報告の中身とは　60
報告内容の広まり　66

五、スターリン批判の影響……71
ソビエト国内での反応　71
ヨーロッパでの反応　73
歴史の教訓として　75
六、ハンガリーから学ぶべきこと……77
現在のハンガリーに見る平和の意味　77
被爆国日本における原発への思い　78
参考文献・脚注……81

本書では、歴史的事実の確認のためウィキペディアに掲載されている記事を参考にしており、多くを引用させていただきました。

一、スターリン主義とは

一国社会主義

まずは、スターリン主義とスターリンの政治姿勢から見ていきたいと思います。

今日の平和な社会において、ハンガリーとソビエトとの出来事は「ただの国家間の騒動である」と考えられている場合も多いようですが、第二次世界大戦後、ほとんどの東欧国家を巻き込んだソビエトは、自らの安全を守るためにスターリンの「恐怖政治」をもとにした「一国社会主義」という体制を作り上げ、いかなる大量虐殺も正当化されるようになったのでした。その第一の標的となった国がハンガリーであったと言っても過言ではないでしょう。

ドイツのポーランド侵攻がきっかけで始まった第二次世界大戦の後、国際社会は米国を主体とした自由主義・資本主義体制とソビエトを主体とした共産主義・社会主義体制に二分され、東西冷戦の時代が続きました。カール・マルクスとフリードリヒ・エンゲルスは当初、共産主義革命はヨーロッパの先進国で起こり、やがてその他の地域に波及していくものと予想していました。エンゲルスは１８４７年に『共産主義の原理』を起草し、共産主義について次のように説明しています。

共産主義革命は、けっしてただ一国だけのものでなく、すべての文明国で、いいかえると、すくなくとも、イギリス、アメリカ、フランス、ドイツで、同時におこる革命となるであろう。（中略）それは、世界の他の国々にも同じようにいちじるしい反作用をおよぼし、それらの国々のこれまでの発展様式をまったく一変させ、非常に促進させるだろう。それは一つの世界革命であり、したがって世界的な地盤でおこるだろう。(1)

これに対して自己の権力・利害を中心に考えたのが、スターリンの一国社会主義論でした。「一国社会主義論」とは、世界革命を経なくても一国で社会主義の建設が可能だとする考え方で、1924年にヨシフ・スターリンが主張し、1928年のコミンテルン第6回大会で採択され、各国の共産党において支配的な見解となったのです。(2)

ハンガリー革命前の状況

さて、ハンガリーの政治経済状況に関する歴史に戻りましょう。

1613年から1917年までロシアに君臨していたロマノフ王朝時代の話です。王朝の圧政というより、王朝の消費の上昇と労働者の生産力低下により、経済状況は悪くなる一方でした。納税が増えて労働者の不満は募り、帝国主義の解体を目指さざるを得なくなったのです。一部の特権階級に支配されていた労働者たちが、社会体制の改革へと動き出したのです。当時の支配階級は、自分たちの特権を維持する形の帝国主義体制を採っていました。支配され続けていた労働者たちは当然それを不満に思うようになり、長年に渡って取られ続けてきた財産を「特権階級」から取り返すために行動に出ました。これこそ帝国主義者への労働者の革命であったのです。

もともとは、特権階級の一部が私腹を肥やすために他者の財産を取り上げて自らの領土や権益を拡大していくのが帝国主義の原点でしたが、こうした侵略が繰り返されるようになっていき、やがてより大きな権力によって強固な帝国主義国家が生まれ、大規模な戦争へと発展していったのです。第一次世界大戦、第二次世界大戦などは、まさしく帝国主義による世界戦争だったと言えるでしょう。

ファシズム

大国の友軍として他国から奪い取った領土が、戦争によって別の帝国から奪い取られるようなことが起こります。第一次世界大戦の友軍も、第二次世界大戦では敵軍となりえたのです。争いを繰り返している間に、大国では体制強化に努め、小国では人民を扇動することによって国家の権力を獲得しようという人物の動きが活発になっていきます。国民はある意味で独裁者の登場やファシズムの推進を求めていたのであり、それが国を動かすのに都合の良い国家体制だったのでしょう。ドイツのヒトラーやイタリアのムッソリーニがそうでした。

しかしながら日本の帝国主義は、周囲の大国から容易に潰される傾向にありました。「成り上がりは早くに潰す」というところでしょう。この傾向は「大国主義」が生まれた頃からのようです。世界の帝国と言われる国々は、15世紀頃の世界侵略競争時代に始まり、今日まで続いてきたと言えるでしょう。これらの国々と張り合おうとした発展途上国の「大日本帝国」でしたが、第二次世界大戦を機に帝国の仲間から名前を消され、日本のファシズムは終焉を迎えます。

ファシズムは、現在の体制に対して「極端に偏った見方」をする者たちによって推し進められていくものです。自己顕示欲を満たすため、彼らは独自の政治結社や暴力的な革命集団を作り出し、やがては大量虐殺を行うような組織へとエスカレートしていきます。どこからそのようなエネルギーが出てくるのか全く理解できません。

第一次世界大戦で、アドルフ・ヒトラーは自ら志願した歩兵連隊で勲章を授与されるなど活躍したものの、昇進は伍長まででした。理由は諸説あるようですが、指導力に欠けていると見なされていたと言われています。第一次大戦後、ヒトラーはミュンヘンで立ち上げられたナチスの前身「ドイツ労働者党」に加入、すぐに実力者となり、やがて、ドイツ帝国を支配する地位にまで上り詰めたのです。歴代の貴族出身の軍上層部などに対しては、その立場を温存させる人たちと失脚させる人たちとにうまく分け、いかなる批判の目も自分に向かないような体制を作ります。ヒトラーは大観衆の前で劇的な大演説を行うパフォーマンスによって、いかなる抵抗も受け付けないような世間のムードを作り上げることに成功しました。さらに、国民から求められる英雄として振る舞うことで、世界を変えようとしたのでしょう。ヒトラーの出現後、卑劣で悪辣な歴史が続きました。

ヒトラーによるユダヤ人の大量虐殺には目を覆うしかありませんが、日本でも同様に残酷な行為が行われていたことが、写真や文章、証言などから明らかになっています。関東軍のやりたい放題は、まさしくホロコーストのアジア版と言えるでしょう。ある兵隊の証言によると、日本軍の兵隊が次々と妊婦を輪姦した後、大声で「助けて」と叫ぶ彼女たちのお腹を日本刀で真っ二つに斬った者がいたそうです。そればかりか、その男は帰国した後、日本刀を翳しながらそのことを自慢げに話し回ったと言います。[3] さらに、無差別の輪姦で感染した梅毒を戦果であると宣伝していたとも言われています。男は戦犯となることもなく、今度は長男の嫁と同衾します。そんなことをしておきながら、その嫁を姦婦だとして長男と離別させ、自分に罪がかかるのを避けたのです。

ヒトラーの大演説は当時の聴衆の心を動かしたのかもしれませんが、後に彼は「残忍な独裁者」として世界中の人々に知れ渡っていくことになりました。「口にするのも汚らわしい」「考えるだけでも身震いがする」と思っている人たちも少なくないでしょう。ところで、ヒトラーという恐ろしい大量虐殺者の最期は自死でした。１９４５年4月30日、その瞬間に彼は自分のしてきたことをどのように思ったのでしょうか。

市民による蜂起

スターリンは、ヒトラーの死からおよそ10年後の１９５３年3月5日に最期を迎えます。そして彼の死から数年後の１９５６年10月23日に、あの「ハンガリー革命」が起きたのです。ハンガリーは第二次世界大戦で米英ソなどの連合軍には属しておらず、枢軸国として存在していましたが、ソビエトから連携を強いられたハンガリー政府は、労働者に圧政を敷いていたため、ハンガリー革命は起こるべくして起きた出来事だったのです。

ハンガリーはソビエトに対して不満を持っていたものの、建前上はともに社会主義体制を謳っていた国であったため「反乱」を起こすことはなかったのですが、ハンガリーの対外的国家首脳部は、第二次世界大戦の頃から独伊日（帝国主義）の枢軸国に傾倒していたのです。ハンガリー労働者首脳部が政府に対して反旗を翻したことは、ソビエトにとってまたとない好機となりました。つまり、社会主義国家の中に巣食う「反動を駆逐する」という大義名分が出来上がったわけです。ソビエトは「ハンガリー国家の正常化」の旗のもと、「枢軸国に傾いていたハンガリー政府一派」と「ソビエトの一国社会主義を批判し労働者の代表としてハンガリーの社会主義を指導していた首脳部」を殲滅する行動に出たのでした。そこにあったのは「東欧の一国ハンガリーをソビエトの支配下に置く」というただの功利主義的な軍事介入であったと言われています。

実際、ソビエトが介入する道義的理由などなく、西欧・米国などの資本主義諸国には、単なる内乱と映るように遂行したのでした。30年以上ハンガリーへ駐留・介入することによって、東欧諸国はソビエトに対して反旗を翻すことができなくなってしまい、この間にソビエト連邦が完全に構築されたと言っても過言ではないでしょう。

二、平等とは何か

特権階級への不満

ここからが本論となるべきところです。

まず、かつてのロシアを振り返ってみましょう。「主権は我にあり」というのが帝国主義であり、王政政治となります。ロシアのロマノフ王朝という帝国主義政治経済では、「持てる者（資本家）」と「持たざる者（労働者）」が存在しました。全ては「王朝の意の向くまま」であり、消費することは知っていても生産することに関しては無知だった彼らは、飢えることも飢える者の存在も、その気持ちも知らなかったでしょう。作物が豊作であるかどうかなどに影響されることがない階級にあって、「飢えを知る必要がない」という特権を理解することもなく、そのことを当然のことのように享受しながら暮らしていたのです。そのような人たちに対しては、「飢える人の存在を知れ」と言っても理解できないでしょうから、実際に「飢え」を体験することで「飢えることとはどういうことか」「飢えている人間がどんな気持ちでいるのか」を理解させるしか方法がないのです。

一方、飢えを知る人たちは、自分たちがもともと飢えていたわけではなく、特権階級（王朝・王家）の人々によって強制的に飢えを体験させられていたということを理解し、豊かな王朝・王家の財が「自分たちの労働の成果であり、彼らによって占有されている」ということも知るようになるでしょう。

王朝・王家にとっては、生まれた時から自らの周囲に当然のように存在していた財であったわけで、それがなくなれば「盗賊に奪い取られた」ような被害妄想を感じるでしょう。しかし、大量の財を持つ彼らは「人というのは全て財のために動く」と信じているため、それ以外のやり方でどのように人をまとめ、動かせばいいのかを知らないのです。王朝・王家の階級の人たちは財のみで人を動かしてきたので、生きるため、食べるために財を使うなどということは全く理解できないでしょう。

大多数を占める労働者たちは「自分たちの労力によって生み出したものは本来、自分たちのものであるはずだから、取り戻して当然である」と考えていくようになったのです。しかしながら、少数の王朝・王家の者たちにとっては「盗賊が自分たちのものを略奪していった」と考え、彼らを罪人として捉えるでしょう。自らのものを取り返した労働者たちは、自らの財産を自らで管理し、平等に配分するでしょう。この形態こそが彼らの考える「社会主義体制」ということになります。王朝・王家は滅亡し、労働者たちにひれ伏して食料を求めるようになれば、「働いて食料を得てください」と告げて、しっかりと働く者と働かざる者の違いを示すでしょう。

やがてロシアではロマノフ朝が崩壊し、社会主義国となりますが、社会主義体制が進展していくにつれ、人の意識は大きく変化していきます。財産を持たない人であっても、常に働く人たちは真正面から自らの意見を言うことができて、決して多数決ではなく討論によって様々な事柄を決めていく社会を作っていくのです。

そのような社会作りの原点となったのが「マルクス経済理論」でした。今日、この理論に則った社会作りを考えても、何世紀も後に残される経済社会であろうと思われます。今日のように、平等さえも否定的に捉えられる社会にあっては、いつしか不平等の社会に安穏とするようになり、不平等であれば当然ながら戦争により略奪の繰り返しとなることでしょう。ロシア革命によって、帝政ロシアは社会主義国ソビエトに変わり、やがてスターリンの一国社会主義への不満から平等な社会を求めて蜂起したのがハンガリー革命ということになります。

当時は、マルクス経済理論による経済革命を目指していました。それこそ、後にトロツキズムという異端として呼ばれているものであり、世界同時革命を想定して初めて自由と平等が得られるというものでした。革命後はスターリン一派の主張する「一国社会主義」ではなく、世界の平等を求めるもので、「物質的・精神的・時間的平等」を基本哲学としていました。

しかし一方では「既存の地位を確保したいがために、平等には反対しないものの、労働に対する配分については全く基本を外した理念」を主張し、「労働の質と量に応じた配分」を強調する人たちもいたのです。それがスターリン主義者であったのです。

差別的配分への反発

スターリンが共産党の第一書記に就いた時点では、インテリゲンチャと言われる知的階層の生き残りが多くいました。旧来の知的財産の主張や肉体労働と知的労働との差異について異論を唱え、当時の政府への不満となっていたのです。ところが、自己の生命を守ることを第一としていたスターリンは、予想通り「労働の質と量に応じた配分を行うことが本来的である」と提案し、遂にはスターリンの独裁国家を呼ぶことになったのです。

１９２４年のレーニンの死後、ソ連の最高権力者の一人となったスターリンは、再び強硬な社会主義化路線に戻り、１９２８年に第一次五カ年計画を開始して、農業の集団化、重工業に大きく偏った国家主導の工業建設を強行します。ボリシェヴィキから改組されソ連における独裁政党となった共産党内部の批判派は一掃され、亡くなったレーニンと、その後継者であるスターリンへの個人崇拝まで行われるに至ったのです。

社会主義国での個人崇拝というのは、社会主義思想・社会主義体制を否定することになります。個人崇拝ゆえに特定の人物の支配による独裁政治が出来上がり、独裁政治ゆえに反対する人たちへの虐殺が引き起こされるのです。スターリンがソビエト連邦の第一書記となってから、まさしくこのような独裁体制となっていったのでした。

スターリン主義が出来上がり、彼の提起した「一国社会主義」では「労働の配分は、その質と量において配分される」として、先のように知的労働者と肉体労働者を分けることが基本方針であり、残存していたインテリゲンチャと言われる特殊階級（知的労働者）たちや自分の周囲にいる者たちからの反発を防ぎ、知的労働者優勢経済原理を打ち立てようとしたのです。

違う言い方をすれば「肉体労働者は質的に低く評価されるため、知的労働者と同じ時間働いたとしても配分は低く設定される」ということになったのです。このような労働への評価配分の誤りが社会経済を不安定にしただけではなく、経済の発展を大きく遅らせる結果となったと言えるでしょう。

つまり、労働への差別的配分経済は、肉体労働者への勤労意欲の低下を招来するという初歩的な悪傾向のみならず、知的労働階層への勤労意欲の著しい低下、言い換えれば、知的労働者のサボタージュ（怠業）をも推奨することとなっていったのです。

三、虐待されて育った独裁者たち

ここで、スターリンとヒトラーという有名な独裁者についてそれぞれの歩みを見ていきましょう。

スターリンの場合

スターリンの父親であるヴィッサリオンはひどいアルコール依存症で、気に入らないことがあるとすぐに妻と子供（スターリン）をムチで打って虐待していました。スターリンの母親であるエカテリーナは、後年、次のように話しています。

「ある時、酔ったヴィッサリオンが幼い息子のヨシフ（スターリン）を持ち上げて、力まかせに床に叩きつけたことがあり、息子はその後何日か血尿が止まらなかった」

このようにひどい虐待を受けてきたスターリンでしたが、彼にとってさらに不幸だったのは、父親だけではなく母親からも虐待されていたという事実です。母親のエカテリーナは、スターリンが言うことを聞かなければ、しつけのために容赦なく殴ったのです。

母親の晩年に、スターリンはエカテリーナのもとを訪れましたが、この母子の間で次のような会話が交わされました。スターリンが母親に尋ねます。

「どうしてお母さんは、僕をあんなにぶったの？」

「そのおかげで、お前はこんなにいい人になったんだよ」

それが彼女の答えでした。

体罰のおかげで立派な人間に成長したのだと信じていたようですが、実際には、彼女の発言とは逆の結果しか生み出さなかったように思われます。なぜなら母エカテリーナの体罰と、父ヴィッサリオンの虐待によって育てられた息子スターリンは、後に数百万人を虐殺するような暴君となったからです。

ヒトラーの場合

ヨシフ・スターリンとよく比べられるのが、アドルフ・ヒトラーです。ヒトラーはどのように育てられたのでしょうか。スターリンと比較しながら見ていきましょう。

ホロコーストを行ったドイツの独裁者アドルフ・ヒトラーもまた、スターリンと同様に父親から暴力を振るわれて育ったと言われています。ヒトラーの父親アロイスは農業を営んでいましたが、それが失敗に終わると、そのイラ立ちから息子アドルフに対して鞭を使った体罰をたびたび行いました。この「父親からの暴力」について、ヒトラー本人が後年、周囲の人に話していたそうです。

父親に殴られると、ヒトラーは母親に助けを求めていつも泣きわめいていましたが、あるとき、一つの作戦を思いつきます。それは、父親に殴られるたびに大声で回数を数えるというものでした。実際に、父親から殴られるたびに「1、2、3、4、5」と大声で数え始めると、ヒトラーの父親は「息子は気が狂ってしまった」と思って震え上がり、殴るのをやめたと言います。

親から虐待を受けて育ったという意味では、スターリンもヒトラーも同情されるべき被害者と言えるかもしれません。しかしながら、その後の彼らの行ったことを考えれば、悲しき幼少時代の記憶が歴史に残る悪行を生み出す原因の一端となっていたのではないかと思われます。

ヒトラーに関して言えば、彼の車好きが国民車「フォルクスワーゲン・ビートル」と、どこへでも行くことのできる速度制限の必要のない道路「アウトバーン」を生み出したこと以外、そのほとんどが「歴史的な負の遺産」と言っていいでしょう。

一方、スターリンに関しては歴史的に評価する人たちが今日においても多数存在していることに強い疑問を持たざるを得ません。未だに、スターリンの「一国社会主義」を評価している人たちが存在するということです。

スターリニズム

一国社会主義では「一国だけの力で社会主義国家の建設を成し遂げることができるかどうかという問題」と「プロレタリアートの独裁をかちえた国が、他の一連の国々で革命が勝利しなくても、外国の干渉から、したがってまた、古い制度の復活からまったく安全であると考えることができるかという問題」を分離し、後者は否定しましたが前者は肯定しました[4]。その論拠は、帝国主義の発展は不均等なため革命は後進的な弱い環の部分で起こすことが可能だが、世界が同一条件で同時に統一と団結を保ちながら革命を遂行するには無理がある、との立場に立っています[5]。

トロツキーはこの理論を世界革命の放棄と見なして激しく批判しましたが、権力闘争に勝ったスターリンの理論はボリシェヴィキの公式見解となり、各国の共産党へと普及していったのでした。今日の世界各国共産党の基本理念は、この一国社会主義理論に根ざしていることが多いようです。

スターリニズム（スターリン主義）とは、１９２４年から１９５３年までソビエト社会主義共和国連邦（ソ連）の最高指導者を務めたヨシフ・スターリンの発想と実践の総称で、指導者に対する個人崇拝、軍事力や工作活動による暴力的な対外政策、秘密警察の支配を背景とした恐怖政治や大規模な粛清などを特徴とする全体主義を指すのです（この意味では、ヒトラーのドイツ帝国主義・大日本帝国主義も違いはありません）。

１９３０年代にスターリニズムに基づいて成立した一国社会主義（特にその国家体制）はソ連型社会主義とも呼ばれますが、これを社会主義と呼ぶべきかどうかについて長い間、非スターリニズムの党派・活動家の間では議論が行われていました。ソビエトおよびスターリン、ソビエト共産党、コミンテルン系譜の共産党を支持しない社会主義者からは社会主義の語から区別するために「官僚的に歪められ、堕落した労働者国家」（トロツキー）、「官僚的集産国家」（トロツキー派から分裂したアメリカの活動家のマックス・シャハトマン）、「国家資本主義」（トロツキー派から分裂したイギリスの活動家のトニー・クリフ）、「赤色帝国主義」（日本革命的共産主義者同盟革命的マルクス主義派最高指導者の黒田寛一）などと規定されました。

反スターリン主義へ

１９５６年10月23日、スターリンの死後、これまでの圧政に対抗してきたハンガリーの労働者たちが、ソビエト傀儡の政府に対抗し反旗を翻したのでした。当初ハンガリー革命と命名されたのですが、依然として東欧に力を持っていたスターリン主義のソビエトに制圧され、以降、30年に渡りハンガリーは虐待と圧政のもとに置かれたのです。表からはソビエト軍の戦車に囲まれ、裏からはＫＧＢの捜査と虐待に苛まれたのでした。この状況は、ソビエトの共産党第一書記フルシチョフが、初めてソビエト内部から公にスターリン批判を行うまで徹底して続いたのです。

フルシチョフ第一書記の反スターリン演説は、言うまでもなく今日のロシアへの夜明けであったという事実は否定できません。この歴史的出来事を端緒として、ゴルバチョフ、今日のプーチンに至り、本格的な資本主義への道を歩き始めているのです。勿論、ここでは、資本主義と社会主義を二者択一的に考えたり、いずれかを批判したりするものではありません。いずれの社会経済状況であろうが、大多数の労働者にとっては常に平等でなければなりません。ロシア革命以前にマルクスが提唱した「物質的・精神的・時間的平等」を基本思想とするのが大原則ではないでしょうか。

これに対して、表面上は平等には反対しないまでも「労働に対する配分は、その労働の質と時間に応じて行う」とするスターリン主義が生まれ、これを基本理念として取り入れたところでは、知的労働への配分を肉体労働への配分より大幅に増やすことにより、結果としては、大きな差別が生まれることになったのです。

これに異を唱えたトロツキーは「配分は、あくまで時間に応じて行われるもの」としたため、既成の地位を剥奪されるのではないかと恐怖を感じるようになったのが、スターリンの提唱したスターリン主義そのものであったということを思い起こす必要があるでしょう。

つまり、スターリンの提唱した「質と量に応じての配分」ということになると、知的階級が大幅に多くの配分を受けることが基本理念となります。そうなれば、知的階級が肉体労働者に比べて、より大きな力を持つようになります。社会は経済が基本であり、これによって安定化するかどうかが決まります。量に応じてのみの配分となれば、これまで「知的階級であるがゆえに時間あたりの収入は多くても当然である」としてきたスターリン主義で営利を得てきた知的階級の優位性は他の階級と同じになり、社会的地位も失って全てが平等となります。

このような平等化を恐れた知的階級への正常化運動が、まさにハンガリー革命として現出したものと推測されます。ハンガリーはただ当初の基本に戻り、平等な社会を求めただけだったのに、スターリン主義者から弾圧され、虐殺され、それに出来事について30年もの間、口にすることを禁止されたのです。言い換えれば「量に応じての配分」という基本原理に戻ることこそ、スターリン主義者たちにとって最も不都合な事態を招くものと考えられたのでしょう。スターリンが最も恐れたのは、自らの存在を失うこと、即ちスターリン主義の否定であり、そのことはスターリンの死をも意味していたと考えられます。

即ち、スターリンの独裁権力を剥奪するのが「平等主義」であったのです。徹底した独裁主義を追求し、その中での自らの安全を求めたスターリンでした。そのスターリンは、1953年、まさにハンガリーの蜂起の直前にこの世を去ったのです。このことは、彼を取り巻くスターリン主義者たちにとって、命の安全を危うくする事態と映ったでしょう。

それまではスターリンの独裁主義社会・経済機構によって階級制、社会性、権力、および命の保証を得てきた人たちです。自己の暗殺を恐れたスターリンは1953年に死亡（死因の真相は不明）し、国葬で送られました。あたかもこの時点では、スターリンの掲げた「一国社会主義」はもとより、「配分は質と量に応じて行われる」とした不平等・差別主義が鉄のカーテンに守られて、この地に根ざしたと考えられたくらいでしたが、同時に、この事態を目の当たりにしたスターリンの後継・支持者らは、自らの命が狙われることに恐怖を覚えたであろうと推測されます。

市民活動の鎮圧と粛清

1956年10月23日、ハンガリーの労働者は、スターリンに引き込まれていたハンガリー政府に向かって、本来の平等を求めて蜂起しました。

当初、ハンガリーの労働者は、ソビエト軍により1000人以上が虐殺され、以降、30年間は、ハンガリーの蜂起に関することを口に出すことが禁じられたのでした。この弾圧、虐待、虐殺は、1980年代のペレストロイカまで続き、再び、ハンガリーの蜂起が考え直されるまでは、ハンガリーの労働者は、ソビエト軍とソビエト秘密警察（ＫＧＢ）による虐待、虐殺に耐えざるを得なかったのです。

今日、首都ブダペストには「恐怖の館」と呼ばれる施設があり、後世に残すために、当時蜂起した労働者が虐待を受けた被害の現実、虐殺された歴史などを語る記録を公開する館として残されています。特にソビエト軍やＫＧＢによって受けた被害の現実を語るハンガリー労働者の言葉には、これが単なる一つの動乱として片付けられない強いものが感じられます。しかもホロコーストのあった館で、それ以上の虐待や虐殺が行われたという事実を知ることによって、歴史を再確認するよう迫られたような気がします。

時代が変わった今日、ロシアのプーチン大統領はハンガリーの歴史について全く語りません。語るとすれば確実に藪をつついて蛇を出すことになるでしょうから、スターリンの問題などは過去の出来事として抹消したいと思っているというのが本音かもしれません。事実、スターリンが犯した過去の虐殺の歴史は、1940年にトロツキーがメキシコで殺された後は、レーニン時代の高級指導部で生き残っているのは、スターリンを除けばカリーニンだけだったのです。また大粛清以前の最後の党大会（1934年）の代議員中わずか3％が次の大会（1939年）に出席しただけでした。1939年の党の正式メンバーのうち70％は1929年以降（つまりスターリン期）の入党であり、1917年以前からの党員は3％に過ぎなかったのです。党の討論機関たる大会と中央委員会、ついには政治局さえも1939年以後、スターリンが1953年に死ぬまでめったに開かれなくなったのです。[6]

党指導者を目指してスターリンに対抗していた者は全て見せしめ裁判（モスクワ裁判）で笑いものにされ、死刑の宣告を受けたのです。ジノヴィエフ、カーメネフ、ブハーリン、トムスキー、ルイコフ、ピャタコフ、ラデックは、イギリス、ドイツ、フランス、アメリカ、ポーランド、日本のスパイもしくは反政府主義者、あるいは破壊活動家という理由で、さらし者にされた上で殺されたのです。[7]

赤軍も5人の元帥のうち3人、国防担当の人民委員代理11人全員、最高軍事会議のメンバー80人のうち75人、軍管区司令官全員、陸軍司令官15人のうち13人、軍団司令官85人のうち57人、師団司令官195人のうち110人、准将クラスの将校の半数、全将校の四分の一ないし二分の一が「粛清」され、大佐クラス以上の将校に対する「粛清」は十中八九が銃殺であったのです(8)。

ソビエト国内にいた外国人の共産党員も被害者でした。1939年冬には600人のドイツ人がNKVD(エヌ・カー・ヴェー・デー)の手でゲシュタポに引き渡されました。1919年のハンガリー革命の主導者クン・ベーラおよび1919年の革命政府人民委員12人が逮捕され処刑されました。イタリア人共産党員200人、ユーゴスラヴィア人100人あまり、ポーランド共産党の指導者全員、そしてソビエトに逃亡していた5万人ほどのポーランド人のうち、わずかな例外を除く全員が銃殺されました(9)。

コミンテルンは1943年に正式に解体されました。しかし、そのスタッフと幹部は、ロシア人であるかによらず、ほぼ全員が1939年の夏までに粛清されました(10)。

なお、モスクワ裁判などのような政界、軍部の大物を除いては、処刑されたという事実さえ犠牲者の家族には伝えられなかったことが多く、家族には「通信の権利のない10年の懲役刑」「獄中で病死」などの虚偽の通達がなされることが多かったのです。中には、死亡時の詳細が現在も明らかになっていないものも多いようです。

権力闘争と独裁の構図

ウラジーミル・レーニンの死後、党内における政争に勝利し権力を掌握したスターリンでしたが、党の中には古参党員を中心にスターリンの台頭に危機感を覚える者が多数存在しました。

そんな中、1934年12月に共産党幹部セルゲイ・キーロフが、レニングラード共産党支部においてレオニード・ニコラエフという青年に暗殺されるという事件が起きました。この事件については、当時キーロフの存在に脅威を感じるようになっていたスターリンが部下のゲンリフ・ヤゴーダに命じて暗殺させたという説が有力視されていましたが、真相は今も不明です。

スターリンは、犯行は「レニングラード・テロリストセンター」と呼ばれるトロツキー一派の仕業であるというでっちあげの公式声明を行い、その逮捕を口実に、自らの反対派抹殺に乗り出すこととなったのでした。

スターリンは1937年3月の共産党中央委員会総会において、キーロフ事件以後の「教訓」として「階級闘争が前進するほどに、打ち破られた搾取者階級の残党たちの怒りはますます大きくなり、より激しい闘争形態に移り、ソビエト国家に対してますます低劣な行動をとり、命運尽きた者の最後の手段として死に物狂いの闘争手段にますますかじりつくであろう」[11]などとする階級闘争激化論を定式化し、大粛清を開始しました。

まずレニングラードの共産党関係者が5000人ほど逮捕され、強制収容所へ連行されました。さらにかつて反トロツキーでスターリンと手を組んでいた大物たち、カーメネフとジノヴィエフらも「合同本部陰謀事件」を企んだとして逮捕され、1936年の第一次モスクワ裁判で銃殺刑にされます。先に逮捕されたレニングラード共産党の関係者5000人は、この裁判の後で全員が銃殺刑に処されています。これが、スターリン時代に行われた最初の大規模な殺戮でした。

しかしこれはまだ序の口で、粛清はこの後さらに過激さを増すことになったのです。ソ連では1934年7月以来NKVDが秘密警察としての機能を兼務し、一連の粛清の指揮をとっていましたが、スターリンはその長官ヤゴーダの取り組み方が手ぬるいと考え、1936年9月にはヤゴーダを解任（1937年に逮捕、1938年3月に銃殺）します。後任のニコライ・エジョフ（彼も後にスターリンの信任を失い、1939年に逮捕され、1940年2月に銃殺）のもとで、粛清の規模は一気に拡大することとなったのです。

第一次モスクワ裁判では、ムラチュコフスキー将軍（ウラル軍管区司令官）やスミルノフ将軍（シベリア方面赤軍司令官）など赤軍高官も処刑されていましたが、彼らは赤軍としてというより、スターリンに並ぶオールド・ボリシェヴィキとしての側面を恐れられて粛清されたとみられます。

赤軍自体への粛清は、スターリンといえども当初はなかなかできずにいたようですが、1936年7月にNKVDに逮捕されたドミトリー・シュミット将軍（キエフ軍管区戦車隊司令官）が、拷問のすえ廃人にされて赤軍内の「共犯者」の名前を自白したことで、徐々に赤軍高級将校への粛清が始まったのです。さらに1937年6月11日にはミハイル・トゥハチェフスキー元帥（国防人民委員代理）、イオナ・ヤキール一等軍司令官（キエフ軍管区司令官）、イエロニム・ウボレヴィッチ一等軍司令官（白ロシア軍管区司令官）ら名だたる赤軍高官がまとめて「ナチスドイツのスパイ」として銃殺され、これを機に赤軍の粛清がいよいよ本格化していったのです。

以降、翌1938年まで「赤軍大粛清」が吹き荒れることとなり、元帥5人のうち3名、軍司令官級15人のうち13人、軍団長級85人のうち62人、師団長級195人中110人、旅団長級406人中220人、大佐級も四分の三が殺され、大佐以上の高級将校の65％が粛清された計算になります。政治委員（共産党から赤軍監視のために派遣されている党員たち）も最低2万人以上が殺害され、また赤軍軍人で共産党員だった者は30万人いましたが、そのうち半数の15万人が１９３８年代に命を落としています。

中でも「赤軍の至宝」「赤いナポレオン」と謳われた内乱時代の英雄で、その後も赤軍の機械化・近代化とその運用のための縦深作戦理論の確立に指導的役割を果たしていたトゥハチェフスキー元帥の処刑は世界に衝撃を与えました。

トゥハチェフスキーとスターリンのそもそもの確執は、対ポーランド戦争に遡ると言われます。この戦争でトゥハチェフスキー軍はワルシャワを包囲しましたが、スターリンが政治委員を務めるエゴロフ軍はワルシャワ包囲の増援を送らなかったため、陥落させられなかったのです。当時のスターリンは、トゥハチェフスキーの華々しい連勝に嫉妬し、自分も戦勝将軍としてどこかの都市に華々しく入城したいと考えていたとの説があります。しかし、レーニンはこれに激怒し、ただちにスターリンの革命軍事会議議員の地位を剥奪しました。これによって大恥をかかされたスターリンは、トゥハチェフスキーを逆恨みするようになったと言われています。これが真実であれば、トゥハチェフスキーの存在感がスターリンの自尊心を傷つけるものであったということでしょう(12)。

ナチスドイツ情報部SD司令官ラインハルト・ハイドリヒも、独ソ戦があった場合に最大の強敵になるであろうと考えていたので、名将トゥハチェフスキーを抹殺する絶好の好機を逃さなかったのです。「ドイツ軍とトゥハチェフスキーが接触した」という偽造文書を作成し、チェコスロバキアの親ソ政治家ベネシュ大統領を通じてモスクワのスターリンへ届くよう工作したとされています。一方で、ドイツがそういう行動に出るようスターリン側が仕向けたともいわれ、真相は定かではありません。

いずれにせよ、「ナチスのスパイ」として逮捕されたトゥハチェフスキーは、NKVDの取調官から調書に血の跡が残るほど激しい拷問を受けて、スパイであることを自白せざるを得なかったようです。裁判ではゲシュタポの偽造した文書が証拠とされ、有罪の判決を受けたトゥハチェフスキーは１９３７年６月12日に銃殺されました。トゥハチェフスキーの妻ニーナも「共犯」として逮捕され、強制収容所へ送られた後に１９４１年10月になって銃殺されています。さらにトゥハチェフスキーの12歳の末娘は、人知れず自殺していました。

外国人への粛清

当時のソ連にいた外国人といえば、コミンテルンに参加するためにソ連に来ている共産主義者か、共産主義が禁止されている国からソ連に亡命してくる非合法組織の者か、そのどちらかがほとんどでしたが、彼らもスターリンの大粛清の前では例外とはされなかったようです。

外国人の大粛清犠牲者で有名な人物としては、ハンガリーの共産主義運動の始祖でレーニンの信頼も厚かったクン・ベーラ（1937年5月逮捕、1939年11月銃殺）、ソビエト著作家協会リトアニア支部の創設者で1920年秋のカヒョフカ戦で活躍したリトアニア人共産主義者のロベルト・エイデマン（1937年6月銃殺）、スイス共産党創設者で二月革命後のレーニンのロシアへの帰国を取り仕切ったフリッツ・プラッテン（逮捕後、1942年4月ラーゲリで銃殺）等が挙げられます。

日本人では、山本懸蔵（日本共産党員。1937年11月逮捕、1939年3月銃殺）、伊藤政之助（日本共産党員。1936年11月逮捕、1937年銃殺）、国崎定洞（ドイツ共産党所属でソ連に移住した元東京帝大医学部助教授。1937年8月逮捕、同年12月銃殺）、杉本良吉（演出家、日本共産党員、女優岡田嘉子の愛人。１９３８年1月逮捕、１９３９年銃殺）など、ソ連亡命中の共産主義者を中心に10～20名前後が粛清されたとみられます。

大粛清の矛先は、コミンテルンに加盟している各国の共産党に対しても向けられ、ポーランド、ユーゴスラビア、モンゴル等の共産党幹部がソ連に召喚され、多くが粛清されたのです。アドルフ・ヒトラーによる弾圧を逃れてソ連に亡命していたドイツ共産党指導部も、大粛清によって壊滅したということです。

また、ソ連国外でも共産主義者や共産党の政敵への殺害は行われたと言います。当時内戦の最中にあったスペインでは、共産党の政敵だったマルクス主義統一労働者党（ＰＯＵＭ）の幹部アンドレウ・ニンがＮＫＶＤの要員によって誘拐・殺害（１９３７年6月20日）されています。当時ソ連の衛星国だったモンゴル人民共和国やトゥバ人民共和国では、貴族やチベット仏教僧をはじめとする反体制派への大規模な迫害や、「日本帝国主義のスパイ」に対する摘発が行われたと言われています。

大粛清の結末

スターリンとエジョフの粛清は広範に拡大され、おそらく人類の歴史の中でもこれ以上ない政治抑圧の事例となりました。その対象は政府や党の高級幹部に留まらず、作家マクシム・ゴーリキー、詩人オシップ・マンデリシュターム、演出家で俳優のフセヴォロド・メイエルホリド、生物学者ニコライ・ヴァヴィロフ、経済学者ニコライ・コンドラチエフなど一般の文化人や市民にも広まり、社会は相互監視と密告に支配されました。国民は恐怖や猜疑心に脅える悪夢のような日々を送り、「ロシア人の亭主が家族と安心して話せるのは、夜布団の中で丸くなって妻子と一緒の時だけ」とさえ言われたのです。

さらに、ウラジーミル・ヴァランキンやニコライ・ウラジミロヴィチ・ネクラーソフなどのようなエスペランティストも、その国際的な活動が災いしてスパイとの嫌疑をかけられ、その多くが銃殺されたり投獄されたりしました。これにより、ソ連でのエスペランティストの活動は、スターリンの死後まで一時途絶えることになったのです。

また、外国から帰国した元亡命者たちもスパイの烙印を押され、多くが逮捕・処刑されました。1937年9月20日、エジョフはNKVD指令書の付属文書の中で、北満鉄道譲渡協定によるハルビンからの帰国者を「日本のスパイ」と決めつけて大量に逮捕するよう指令（NKVD命令第593号）します。結果、4万8000人以上が逮捕されて、そのうち3万992人が銃殺されたのです。[13]この時の犠牲者にはアナトリー・ヴェデルニコフの父イワン・ヴェデルニコフなどがいます。

しかし1938年後半に入ると、抑圧によって国家機能や経済運営が支障を来すほどになり、弾圧の実行者である治安機関がその責任を問われることとなりました。1938年末になると、スターリンはエジョフとNKVDを批判するようになり、エジョフはついにNKVD長官の座をラヴレンチー・ベリヤに奪われ、さらにスターリン暗殺計画を企んだとして1940年に銃殺されます。またフリノフスキーはじめエジョフの部下たちも次々と処刑され、粛清にあたったNKVDの関係者たちでスターリン時代に生き残った者は多くありませんでした。

その後、独ソ戦期・冷戦期にもベリヤの指導で政治弾圧は続いたものの、大粛清期に比べるとはるかに縮小します。1953年3月5日にスターリンが死亡すると、ソ連共産党第一書記になったニキータ・フルシチョフが、大粛清をはじめとするスターリンの個人崇拝政治を批判し（スターリン批判）、これにあわせて、大粛清で処刑・流刑された共産党や赤軍の幹部たちに対する恩赦や名誉回復が始まりました。

1964年にフルシチョフが失脚した後、レオニード・ブレジネフの政権下では一時名誉回復運動も停滞しましたが、1985年にはミハイル・ゴルバチョフによって再び「改革派」が勢いづき、スターリン政治の実態が明らかにされる一方で、さらに多くの死亡者たちの名誉が回復されました。

しかしソ連崩壊後、第二次ウラジーミル・プーチン政権下においては、2014年クリミア危機以降、欧米諸国による経済制裁が強化されたことに対抗する形でソ連時代の「再評価」が進められており、それに伴い大粛清の資料の公開も滞りつつあります。一例を挙げれば、エジョフの機密文書を2014年7月にウクライナ保安庁が機密解除したのに対し、ロシア連邦保安庁は未だに機密扱いにしています(14)。

大粛清による死亡者の総数は判明していないものの、ソ連は公式の人口統計を残していました。ソ連崩壊後もレーニン廟は残されましたが、スターリン廟は撤去されたことから、大粛清はロシア連邦政府公式声明においても「歴史的悲劇」であるという解釈で一貫しています。

ミハイル・ゴルバチョフの時代、ソ連政府は、スターリン時代(1930~1953年)

に反革命罪で78万6098人もの人が処刑されたことを、NKVDの後身であるKGBが公式に認めたことを明らかにしています。さらにソ連崩壊後には、NKVDグラーク書記局が1953年に作成したという統計報告書をロシア連邦国立文書館（GARF）が公開しました。それによるとNKVDは1937年と1938年の2年間に157万5259人の者を逮捕しており、このうち87％以上の137万2382人に及ぶ人が「反革命罪」「反ソ扇動罪」などに問われた政治犯であったのです。そして逮捕された者のうち85％が有罪にされており、有罪者のうち半数強が死刑判決を受けているのでした（それ以外の者もほとんどが強制収容所送りか流刑でした）。

しかしながらこのロシア連邦国立文書館の公表した統計報告書の数だけがソ連の粛清の犠牲者の全てではありません。過酷な取調べ・尋問の過程で死亡した者や、有罪判決を受けて劣悪な環境下で服役中に死亡した者の人数については正確な統計が残されていないため、その人数を合わせれば死亡者数はさらに増大するはずです。また農業集団化に伴う「富農」追放や、飢饉によって死亡した者の人数は、公式統計を優に上回る可能性があるでしょう。ロシア・ソ連公式の人口統計においても大きな人口減が確認できるので、ソ連共産党が数百万人の人口減を粛清時に把握していたことは間違いのない事実です。

1930～50年代までの粛清による犠牲者を弔う墓碑
（Wikipediaより）

四、スターリン批判

個人崇拝とその結果について

スターリン批判とは、1956年のソ連共産党第20回大会における党第一書記のニキータ・フルシチョフによる秘密報告「個人崇拝とその結果について」(О культе личности и его последствиях) のことです。

そこではスターリン執政期における政治指導や粛清の実態が暴露され、その原因として個人崇拝が批判されました。このフルシチョフ報告に前後してスターリン時代の思想や政策が批判され、ソビエト連邦の政治・社会の画期をなすとともに、世界各国の共産主義運動に影響を与えました。

　ここでは、フルシチョフ報告と、これをめぐる政治の展開やその影響について見ていきましょう。フルシチョフ報告前後のソ連および各国における政治や社会の変化については、この章で後述します。

スターリン時代の政治と社会

　ウラジーミル・レーニンの死後、スターリンは権力を自身の手に集中させ、ソ連の急速な社会主義化を推し進めました。

　国際的には、資本主義国であるアメリカやイギリス、ファシズム国家であるナチス・ドイツや大日本帝国などソ連と対立する国々に囲まれており、ソ連は内外に緊張を抱えていたのです。こうした状況の中で、スターリンは強権的・独裁的な政治体制を作り上げました。そして大粛清によって数百万人におよぶ国民・党員・外国人が政治犯として逮捕され、処刑されるかシベリアをはじめとする各地の政治犯強制収容所で強制労働に従事させられたのです[15]。

　こうした政治は、社会主義の建設が進めば進むほど帝国主義に援助された「内部の敵」の反抗も激烈になる、という「階級闘争激化論」によって正当化されたのでした（政治理論としての「スターリニズム」）。

第二次世界大戦にソ連が勝利するとソ連の国際的影響力は強まり、スターリンはソ連内部だけでなく国際共産主義運動に君臨し、各国の共産党・労働者党を強権的に指導してアメリカなどとの東西対立に臨んでいました。東アジアでは、朝鮮労働党や中国共産党への指導を通じて朝鮮戦争を行い、アメリカ軍の後方攪乱のために日本共産党に武装闘争路線をとらせたのです。1952年に開かれたソ連共産党第19回大会は、スターリンへの賛美と崇拝によって彩られていたのです[16]。

スターリン批判のもう一人の立役者であった
アナスタス・ミコヤン（Wikipedia より）

スターリン死後のソ連政治の動き

スターリン批判のもう一人の立役者は、アナスタス・ミコヤンです。

1953年3月5日にスターリンが死去すると、ソ連共産党は集団指導体制に移行しました。閣僚会議議長（首相）にゲオルギー・マレンコフ、第一副首相にラヴレンチー・ベリヤ（内相）、ヴャチェスラフ・モロトフ（外相）、ニコライ・ブルガーニン（国防相）、ラーザリ・カガノーヴィチ、副首相にアナスタス・ミコヤン（商業・貿易相）、党中央委員会筆頭書記にニキータ・フルシチョフといった体制となります。

新政権では、まずベリヤが脱スターリン化を推し進め、直近の粛清の取り消しや大赦令の発布、立憲主義・法治主義の強調などを行いました。ベリヤは、外交面ではドイツ民主共和国（東ドイツ）やハンガリー人民共和国に対して、従来の社会主義化を修正するように働きかけたのです。しかし、東ベルリンでの暴動の発生によって社会主義権力が揺らぐことを警戒したフルシチョフらは、ベリヤを国家反逆罪で逮捕し失脚させました。以後、ソ連共産党の公式発表では、ベリヤの企みによってスターリンが誤った行動に導かれたとされたのです。(17)

一方で、ソ連社会では下からのスターリン批判の動きも生じていました。

収容所の政治犯たちによる待遇改善や釈放を求める動きが起こり、ボリシェヴィキ以来の古参の党員や歴史家らのグループは、レーニン追慕を通じたスターリン批判を展開し始めます。また、文学者ではイリヤ・エレンブルグが小説『雪どけ』を発表しています[18]。

マレンコフ首相は、軽工業の重視、西側との平和共存外交などを通じて非スターリン化を図ったのですが、フルシチョフ筆頭書記は重工業を重視するスターリン路線を継承することを主張し、1955年にマレンコフは首相を辞任します。

とはいえ、フルシチョフもユーゴスラビア連邦人民共和国との関係正常化の中でスターリンの責任を認める立場をとり、ミコヤンは古参党員らと結びついて大粛清の調査と処刑・除名された元党員の名誉回復を主張し、ピョートル・ポスペーロフを責任者とした「ポスペーロフ委員会」によって調査が行われることとなったのです[19]。

調査結果と報告までの経緯

ポスペーロフ委員会による調査報告は、ソ連共産党第20回大会を直前に控えた1956年2月9日に中央委員会幹部会で行われました。同報告は国家保安委員会（ＫＧＢ）の資料に

基づいて、次のような内容を明らかにしています。(20)

(1) 1935～1940年の間に154万8366名が逮捕され、68万8503名が銃殺されたこと

(2) 粛清は共産党・国家機関・地方機関・経済組織・軍・内務人民委員部などの指導者層を広く呑み込んだこと

(3) 特に1934年の全連邦共産党（ボ）第17回大会で選出された中央委員と同候補139名のうち98名が銃殺され、大会代議員およびオブザーバー1966名のうち1108名が逮捕され、うち848名が銃殺されたこと

(4) 処刑された者の中にはドイツ人・ポーランド人・ラトビア人・朝鮮人など多くの外国人が含まれていたこと

(5) 大量逮捕にあたって反ソ団体のでっちあげが行われ、逮捕者には暴行・拷問・脅迫など違法な手段が系統的に用いられたこと

(6) これらの抑圧がスターリンの指示・承認のもとに行われていたこと

スターリンによる大粛清の全貌を明らかにしたこの報告は幹部会員に衝撃を与え、フルシチョフやミコヤンは党大会で報告すべきであると主張したのですが、この時点では誰がどのように報告を行うかは決まっていませんでした。

大会前日の2月13日に開かれた幹部会で、この問題についての報告をフルシチョフが行うことや、この報告を大会の秘密会で行うことが決められました。同日に行われた中央委員会総会は、内容が伏せられた上でフルシチョフ報告が行われることを承認したのです。

このように、フルシチョフ報告は大会の直前になって行うことが決められたのでした。[21]

秘密報告の文案づくりは大会会期中に行われ、まずポスペーロフが下書きし、これにフルシチョフが口述筆記で補足し、ドミトリー・シェピーロフ（モロトフに代わる新外相）やミハイル・スースロフ（党幹部会員）が加筆・修正し、報告2日前の2月23日に完成し幹部会員に回覧されました。[22]

ソ連共産党第20回党大会の記念切手（レーニン像がある一方、スターリンは描かれていない）（Wikipediaより）

ソ連共産党第20回大会

1956年2月14日から開催されたソ連共産党第20回大会は、スターリンが死去して最初の大会でした。

この大会では、個人独裁体制から集団指導体制への転換をはじめ、国内政策や外交政策などの新たな路線の決定など、広い意味での「非スターリン化」が予定されていました。

大会初日に行われた党第一書記のフルシチョフによる中央委員会報告（一般報告）では、外交政策としては平和共存路線を提起し、帝国主義諸国との間の戦争を防止する可能性があること、各国が社会主義に移行するにあたり暴力革命だけでなく議会制民主主義による平和革命など多様な可能性があることなどを述べ、注目されました。

国内政策としてはベリヤを大粛清の担い手として非難し法治主義を強化することを述べるとともに、個人崇拝がマルクス・レーニン主義の精神とは無縁であって党内の集団指導と人民大衆の役割が重要であることなどを指摘したのです[23]。

大会討論では、レオニード・ブレジネフ（カザフスタン党第一書記）、A・B・アリストフ（党中央委員）、スースロフ、マレンコフが中央委員会報告に沿って法治主義や個人崇拝との闘争について発言しました。

特に強い調子で発言したのがミコヤンであり、過去20年間における個人崇拝と集団指導の欠如を指摘し、スターリンを名指しして著書の内容を批判しながらスターリン理論の修正を訴えました。

また、歴史学者のA・M・パンクラートヴァ（『歴史の諸問題』編集長、党中央委員）は、党史研究において個人崇拝と闘争する必要があることを述べ、『レーニン全集』第4版の編纂上の問題やスターリン時代の歴史評価を修正するべきことについて発言したのです。

一方で、モロトフ（前外相、党幹部会員）は個人崇拝の問題に一切触れず、ガガノーヴィチ（第一副首相、党政治局員）は、この問題は解決済みであるとほのめかすなど、非スターリン化に消極的な党幹部もいたことは否めません(24)。

秘密報告の中身とは

フルシチョフがスターリンの側近であったことは、周知の事実でした。

フルシチョフの秘密報告「個人崇拝とその結果について」は、1956年2月25日に行われた会議で発表されました。それは秘密会議とされ、これまで出席していた外国の共産党・労働者党の代表は招かれていません。会議では、スターリンの名前を挙げて、個人崇拝・独裁政治による粛清の事実および戦争指導や内外政策上の問題点が報告されました。特に、全領土で吹き荒れた大粛清の契機となったセルゲイ・キーロフ暗殺に至る陰謀について詳細に明かされていました。フルシチョフの秘密報告の要旨は次の通りです。

1. 個人崇拝はマルクス、レーニンによって戒められていたにもかかわらず、レーニンの死後、党と国家の指導者となったスターリンは、自らを対象とした個人崇拝を許すどころか奨励し、党生活や社会主義建設に重大な障害をもたらした。

2. 既にレーニンはスターリンの指導者としての資質に問題があることを指摘し、彼を書記長職から異動させることを提案していた。レーニンの死後、スターリンはこうしたレーニンの忠告に耳を傾けるそぶりを見せたため、彼はその後も書記長職に留まったが、彼はほどなく本性を現し、党生活の規律を無視して専横するに至った。

3. 1934年の第17回党大会で選出された中央委員・同候補139名のうち、70％にあたる98名が（主に大粛清の際）処刑された。党大会の代議員全体を見ても、1966

名のうち1108名が同様の運命をたどった。また、彼らに科せられた「反革命」の罪状は、その大半が濡れ衣であった。

4. スターリンの弾圧はソ連社会の各方面で活躍する活動家、さらにおびただしい数の無辜の市民に及んだ。彼らに科せられた「トロツキスト」「人民の敵」その他の罪状は、これまたでっちあげであった。

5. ヒトラーは権力掌握時からソビエト連邦への攻撃と共産主義の抹殺の意図を隠さなかったにもかかわらず、スターリンはヒトラー・ドイツに対する防衛の準備を怠り、それどころか有能な多くの軍事指導者をその地位から追放、逮捕、さらには処刑に追いやった。大祖国戦争の初期の戦闘において赤軍が重大な敗退を喫し、兵士、市民に莫大な犠牲者を生じた責任はスターリンにある。

6. スターリンの専横ぶりは、第二次世界大戦後のソ連と社会主義兄弟国との関係にも悪影響を及ぼした。その最も際立った重大な例はチトー率いるユーゴスラビアとの関係悪化で、当時両国間に生じた問題は、同志間の話し合いで解決できなかったものは何一つなかったのに、「俺が小指一本動かせばチトーは消えてなくなる」と言い放ったスターリンの傲慢な態度が原因で両国関係は決裂し、ユーゴを敵対陣営に追いやってしまった。

7. こうした個人崇拝を政治局員たちが止められなかった理由は、スターリンが大きな声望と共感と支持を持っていたこと、抵抗すれば弾圧の対象となったこと、政治局会議すらたまにしか開かれなかったこと、政治局員にも疑いの目が向けられていたことなどが挙げられる。

報告では、ガガーヴィチ、モロトフ、ヴォシーロフ、ミコヤン、マレンコフがスターリンの協力者として登場していましたが、その一方でモロトフ、ヴォシーロフ、ミコヤンは弾圧を受けそうになった人でもあると指摘されています。

さらに、フルシチョフとブルガーニンが粛清に批判的な会話をしていたというエピソードが盛り込まれました(25)。

しかしフルシチョフは、自分がスターリンの下でどれだけ忠実に動いたのかを明言しなかったのです。大粛清に積極的に加担し、自身の出世に利用した点も考慮する必要があると言えます。もっとも、スターリンに「NO」と言うことは即ち「死」を意味することであり、一般国民だけでなく党や政府などスターリンに仕える立場にある者まで生命の危険に晒されていたことになります。さらに演説の最後には、この報告を党外や新聞に洩らしてはいけないと強調したのでした。

フルシチョフの秘密報告の内容に会場からは声も出なかったと言います。発言の通告はなかったと思われ、大会の議長を務めていたブルガーニンが「個人崇拝の完全な克服」「その諸結果の一掃」「党指導の集団性の厳密な実践」などの用意されていた決議を提案し、満場一致での採決を確認しました。

また、フルシチョフ報告および決議を公開せず、党組織には伝達することを決議しました。これで秘密会議は終わり、大会は最後の議事日程に移ったのでした(26)。

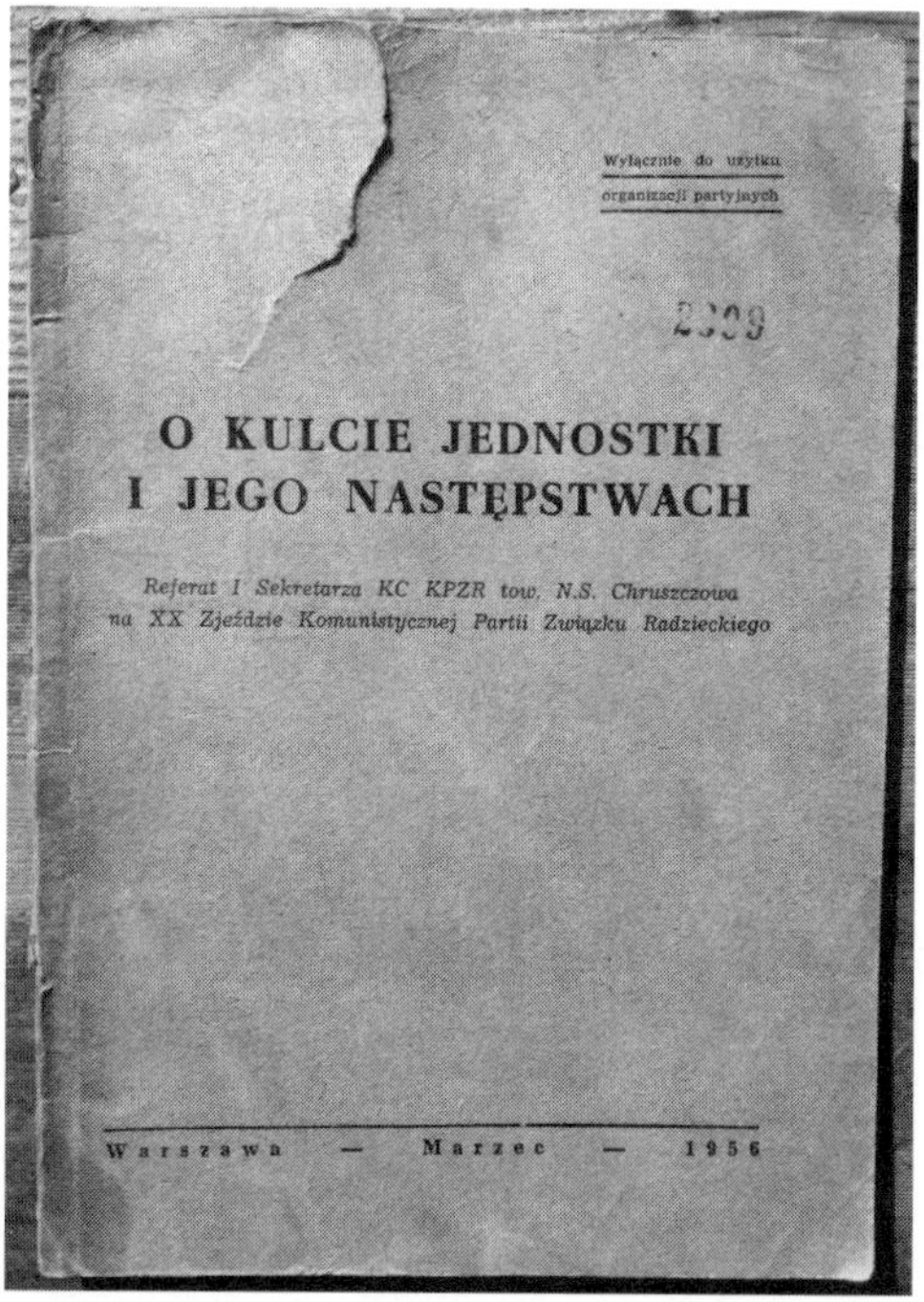

ポーランド統一労働者党によって関係者向けに作られたフルシチョフ報告の冊子（1956 年）（Wikipedia より）

報告内容の広まり

ソ連共産党第20回党大会で決められたように、フルシチョフ報告は公表されず、ソ連共産党の内部に伝えられるだけのものとなりました。

公式発表としては、党機関紙『プラウダ』（2月27日付）の論説「レーニン主義の旗のもと」において、中央委員会報告に基づいて個人崇拝批判の問題を特に重要であるとしたのです。大会に参加した外国の共産党幹部のうち13名に対して秘密報告と決議を見せることを決定し、1956年3月1日付で演説内容が印刷されました[27]。

ソ連共産党の外国共産党・労働者党連絡部が作成したリストには次の13名の名前がありました。序列第1位から順に記されています。

1. 中国共産党の朱徳
2. フランス共産党のモーリス・トレーズ
3. イタリア共産党のパルミーロ・トリアッティ
4. チェコスロバキア共産党のアントニーン・ノヴォトニー

5. ブルガリア共産党のヴルコ・チェルヴェンコフ
6. アルバニア労働党のホジヤ・エンヴェル
7. ハンガリー勤労者党のカーダール・ヤーノシュ
8. ルーマニア共産党のゲオルゲ・アポストル
9. ポーランド統一労働者党のボレスワフ・ビェルト
10. ドイツ社会主義統一党のワルター・ウルブリヒト
11. 朝鮮労働党の崔庸健
12. モンゴル人民革命党のツェデンバル
13. ベトナム労働党のチュオン・チン

中国の朱徳やフランスのトレーズには事前に見せた可能性が十二分にあります。(28)

これ以外の党に対しても、重要度に応じて順次閲覧をさせたのですが、ノルウェー共産党、スウェーデン共産党、日本共産党などに対しては閲覧が行われていませんでした。(29)

フルシチョフ報告は、各国の共産党において内容を広められたようです。

フルシチョフは、大会後の最初の外国訪問先であるポーランドで、スターリン批判の衝撃のあまりモスクワで心臓発作を起こして死亡したポーランド統一労働者党第一書記のボレスワフ・ビェルトの後継者を選ぶ会議に参加し、スターリン批判の意義を説明する演説を3月20日に行いました。

同党はフルシチョフ報告のポーランド語訳を作成・配布し、東欧諸国の中で最もスターリン批判が知られることとなったのでした(30)。

また、ソ連による国際共産主義運動の見直しの一環として、4月17日にコミンフォルムの解散と機関紙『恒久平和のために、人民民主主義のために!』の発行停止を関係8党中央委員会と共同声明を発表し、6月に入るとユーゴスラビアのヨシップ・ブロズ・チトーがモスクワ入りし、スターリン批判を踏まえてソ連・ユーゴの両政府および両党の関係回復について6月20日に合意しました(31)。

ソ連国内では、フルシチョフ報告が広く知られるような措置が取られ、3月5日に開かれた党幹部会は「複写禁止」とした秘密報告を党州委員会・地方委員会と共和国党中央委員会に送りました。そこで「全ての党員とコムソモール員、また非党員の労働者、職員、コルホーズ農民の活動分子に知らせる」ことが決定し、3月7日付で印刷に回されます。印刷された冊子には通し番号が振られ、返却が義務付けられました(32)。こうした措置もあって、一様ではないにせよフルシチョフ報告はソ連国民に広く知られることとなったのです。

会合の場で報告の内容が読み上げられ、党幹部が講演に派遣されることもあったということです。知識人の中には自主的な動きを試みた者もいたのですが、共産党はその統制を図ったのです。10月23日にハンガリー動乱が起こると統制強化は決定的となり、結局のところ、公式発表以上のスターリン批判は封じ込められることとなったのでした(33)。

スターリン批判が世界中に知られるきっかけとなったのは、6月4日にアメリカ合衆国国務省がフルシチョフの秘密報告の英文訳を発表したことに端を発します。これは3月1日付の冊子に基づくものでした(34)。中央情報局（CIA）長官アレン・ダレスはこの演説内容を入手するために、金に糸目をつけなかったと言います(35)。『ニューヨーク・タイムス』（6月5日付）はこの全文を紙面に掲載し、大きな反響を呼びました(36)。

ソ連以外の多くの共産党・労働者党の幹部はフルシチョフ報告の存在を知っていたため、党員や国民への説明には大いに苦慮したのです。イタリア共産党書記長のトリアッティやアメリカ共産党書記長のユージン・デニスはスターリン批判を発表し、フランス共産党はアメリカ国務省が秘密報告を発表したことを遺憾としたくらいです。日本共産党は秘密報告の公表を黙殺しました(37)。

こうした事態に対してソ連共産党も対応を余儀なくされ、6月30日の中央委員会の決定で「個人崇拝とその諸結果の克服について」（О преодолении культе личности и его последствий）が7月2日に発表されました。

フルシチョフとスターリン（1936年撮影）。
フルシチョフが中央委委員に就任した当初はスターリンとも親交をを深めていたが、反スターリン運動に伴い自らのスターリン主義批判を進めていった（Wikipediaより）

この文書では、個人崇拝が起こった理由をソ連建設の客観的・歴史的条件とスターリンの個人的資質に求め、スターリンの独裁的支配にもかかわらず党内には「レーニン的中核」が存在していたこと、「個人崇拝の非難をソビエト社会制度の本質に求めようとするのは、たいへんな間違い」であるとし、共産党とソビエト政権を擁護したのでした[38]。

五、スターリン批判の影響

ソビエト国内での反応

ソ連共産党によるスターリン批判に前後して、当然ながら、スターリン執政期に銃殺・投獄・追放された人々の名誉回復が行われました。

秘密警察の活動もスターリン時代よりは緩められ、政治・経済・文化・社会に様々な「非スターリン化」が推し進められたのです。しかし、その後も秘密警察が国民を監視するという恐怖支配の構図はソ連崩壊まで変わりませんでした。

また、秘密報告の中で民族強制移住の被害者として言及された民族のうち、カラチャイ人・カルムイク人・チェチェン人・イングーシ人・バルカル人は名誉回復が行われ、故郷での自治領が再建されたのです（カラチャイ・チェルケス自治州、カルムイク自治州、チェチェン・イングーシ自治共和国、カバルダ・バルカル自治共和国）。

一方で、クリミア・タタール人とボルガ・ドイツ人は名誉回復がなされず、自治領再建も認められませんでした(39)。

スターリン批判と非スターリン化の政治過程の中で、フルシチョフがソ連共産党・政府の主導権を握ることとなりました。別の言い方をすれば、フルシチョフが権力を握る過程でスターリン批判が行われたのです。

これに対して、1957年にマレンコフ前首相、モロトフ前外相、ブルガーニン首相、ガーヴィチ第一副首相らがフルシチョフの内外政策を批判してフルシチョフの失脚を図りましたが失敗し、逆に彼らが失脚することとなったのでした（反党グループ事件）。これによりフルシチョフの権力基盤は安定し、1964年に失脚するまでフルシチョフ体制が続きます。

作家、保阪正康氏の指摘によると、ソ連では少年期にこの出来事を経験した世代（フルシチョフ世代）は「権威が失墜するさま」を実際に目撃したため、後に生まれる「ブレジネフ世代」よりリベラルな考え方を身につけることになりますが、ゴルバチョフもその一人であったと言われます(40)。

１９９７年11月６日のモスクワ放送では「10月革命の起きた１９１７年から旧ソ連時代の87年の間に６２００万人が殺害され、そのうち４０００万人が強制収容所で死にました。レーニンは社会主義建設のため国内で４００万人の命を奪い、スターリンは１２６０万人の命を奪ったのです」と放送されました(41)。

ヨーロッパでの反応

東ヨーロッパではどうだったのでしょうか。

ソ連の影響下にあった東ヨーロッパ諸国では、スターリン批判がソ連支配の権威を揺るがし始めました。

ポーランド人民共和国西部の都市ポズナンでは、１９５６年６月28日に給料の未払いに端を発する大衆デモが自由化・脱社会主義化を求める大衆暴動へと発展し、ポーランド軍が投入されて鎮圧される事件が発生します（ポズナン暴動）。ポーランド統一労働者党は失政を認め、10月21日にヴワディスワフ・ゴムウカが党第一書記に正式に就任し、非スターリン化政策を推し進めました。一方、ハンガリー人民共和国では知識人や民衆の反ソ連感情が高まり、スターリン主義者の前党書記長ラーコシ・マーチャーシュらによる勤労者党支配への反発が強まっていったのです。

ソ連は駐ハンガリー大使ユーリ・アンドロポフやハンガリーに派遣したスースロフらから不穏な現地情勢を察知していたため、10月23日に民主化を求める民衆蜂起（ハンガリー動乱）が起こるとただちに軍を出動させ、暴動の鎮圧に成功しました。

ソ連軍はハンガリー勤労者党を解散させて、ハンガリー社会主義労働者党に再編させます。党書記長に就任したカーダール・ヤーノシュは非スターリン化を進めさせながら、これまで非スターリン化・非ラーコシ化を進めていたナジ・イムレを逮捕・処刑し、ハンガリー動乱の責任を負わせたのです。

それでは西ヨーロッパではどんな反応があったのでしょうか。

資本主義・議会制民主主義下にあった西ヨーロッパ諸国の共産党では、スターリン批判による直接的な影響はなかったものの、スターリンを信じてきた一般党員の中には動揺も生じ、党内運営のあり方や社会主義の理念に対する疑問に党幹部は応えなければなりませんでした。

さらに、ハンガリー動乱がソビエト政権や共産党に対する悪印象を決定的なものにし、多くの党員や支持者が事件を批判して党を離れる結果を招いたと言います。

歴史の教訓として

ハンガリー革命への評価が、これほどまでに人間の生き方や運命まで変えてしまったのです。東欧の国ハンガリーで起きた出来事が世界に影響を与えたことになります。1956年に起きたハンガリー革命を一部労働者の暴挙と主張する人たちが今なお存在するのも現実ですが、大国ソビエト連邦は、東欧の小さな国ハンガリーの人々によって浄化されたのではないでしょうか。

スターリンの猜疑心が生んだ大粛清によって多くの命が奪われました。ドイツ・ミュンヘンに起きたナチズムとソ連・レニングラードに起きたスターリニズムは、歴史に残る大量虐殺という意味で大きな違いはありません。

人類にとって明らかに「負の遺産」と言えますが、そのように考えていない人たちが今も存在するということに悲しみを感じます。ホロコーストを合理的歴史的事実として崇めるネオナチズムの人たち、トロツキズムを反動と決めつけ大粛清を行ってきたスターリン主義を合理的な未来社会を目指す堅固な哲学であると断定するスターリニストたち、彼らの思想は人類が犯した悲惨な歴史を認めていないことになります。ハンガリーから遠く離れた日本にも、そのような「無知な人間」「許し難い人間」が存在しています。今を生きる私たちにとって歴史を学び教訓を得ることこそが、平和で健全な未来の歴史を作っていくための務めなのではないでしょうか。

ここでもう一度、繰り返し強調しておきたいと思います。

1956年にハンガリーの市民が起こした蜂起を「ハンガリー動乱」と呼ぶ人たちは、ハンガリーの一部の人たちが反労働者的な反乱を起こした許されない暴挙であるとしています。この出来事はソ連軍によって鎮圧され、罪なき首謀者のみならず全く関係のない人たちに至るまで数千人以上の人たちが虐殺されました。ホロコーストにおいても同じようにヒトラーによって数百万人以上もの人たちが虐殺されました。

この2つの反社会的・非人道的行為は、二度と起きてはならないこととして永遠に語り継がれるべきです。

六、ハンガリーから学ぶべきこと

現在のハンガリーに見る平和の意味

今日、ハンガリーは共和国となり、国民の39％がカトリック信者であると言われます。つい20数年前に誕生したばかりのハンガリー共和国ですが、建国記念日には全国から首都ブダペストに人々が集まります。

昼は、首都に住む人たちと地方からの人たちが野外大温泉で語り合い、今日を迎えられたことに感謝します。夕方になれば、辺りが明るいうちからハンガリーの正式ディナーである野菜と肉が煮込まれた「グヤーシュ」を味わいつつ、一年の出来事を語り合います。食事が終わる頃には、ハンガリーで最も偉大な聖イシュトバーン大聖堂前で建国日を祝うセレモニーが行われ、民族、政治、宗教などを問わず、あらゆる立場の代表者から祝辞が述べられます。そして、夜9時頃になると人々はドナウ河畔へ急ぎます。ブダ側とペスト側の両方から猛スピードで打ち上げられる数え切れないくらいの花火を30分間楽しむのです。実に忙しい記念日のフィナーレが終わると、翌年の建国記念日を楽しみにしながら人々は故郷に向かって帰っていきます。平和を主張するためには、手段を選ばないハンガリーの人たちの心意気が垣間見られる一日と言えるでしょう。

ハンガリーより遠く離れた日本においても、再び歴史を振り返り、半世紀以上続いたスターリン主義による虐殺の歴史をもう一度思い起こし、ホロコーストとともに、負の遺産として人類が負うべき現実であるということを、固く自らに留め置く必要があるのではないでしょうか。

被爆国日本における原発への思い

今日の日本は経済（利害関係）を優先する国となっているように見えます。

ハンガリーのように、どん底の世界に置かれたことがないからなのかもしれません。広島・長崎で被爆体験をしながらも、依然として原発の再稼働が進んでいます。人類を危機に追いやる原発のメルトダウンが福島の原発で起きたということを忘れてしまったのでしょうか。日本人が愚かな国民であるとは考えたくありませんし、歴史に学ぶことができる賢い人間の集まりであると私は信じています。しかしながら、廃炉が決まった原発がある一方で、再稼働や原発建設の輸出まで進められています。

同じくメルトダウンを起こした旧ソ連（現・ウクライナ）のチェルノブイリ原発は、その後どのようになったのでしょうか。伝え聞くところによると、石棺によって封鎖されたままで区域内に立ち入ることができなくなっているということです。

福島の原発が現在どのようになっているのか詳細は分かりませんが、安全宣言も不確実です。「放射性物質の垂れ流しが起きているのではないか」と懸念する人たちも増える一方と聞きます。また、その他の原発に関しても、福島の事故以来、再稼働の判断については勿論、災害時の避難に対する周辺住民の不安などは増しています。事故が起きた福島の施設のことや核廃棄物の処理問題を解決しないまま、原発依存の社会をやめようとしない「原発ありき」の考え方が大勢を占めているように感じられ、とても悲しく残念な気持ちにさせられます。

いずれにしても、ハンガリーの人たちに学ぶべきところが多いように思います。ハンガリーの平和国家作りに学ぼうという気持ちが私たち日本人にあれば、日本という国にも未来はあるはずです。しかしながら、これに異論を述べるような人が少なからずいるとすれば、明日という日が訪れなくなる時がいつか来るかもしれないでしょう。そんな不安にかられ、沈痛な想いでいっぱいです。

遠く離れた東欧の静かな国ハンガリーの平和を願いつつ、ここに多くを倣い、本邦の安寧を心底願う次第であります。

ブダペスト・聖イシュトバーン大聖堂前にて

2017年9月28日

参考文献・脚注

1. マルクス、エンゲルス　マルクス＝レーニン主義研究所訳『共産党宣言　共産主義の原理』大月書店　1952（国民文庫）p.94－95

2. スターリン「十月革命とロシア共産主義者の戦術」『スターリン全集』第6巻　大月書店、1952　p.396

3. 吉田彦兵衛『大陸での出来ごと』1948

4. スターリン「レーニン主義の諸問題によせて」『スターリン全集』第8巻　大月書店　1952　p.85

5. スターリン「レーニン主義の諸問題によせて」『スターリン全集』第8巻　大月書店　1952　p.88

6. スティーヴン・F・コーエン　塩川伸明訳『ブハーリンとボリシェヴィキ革命―政治的伝記1888－1938年』未来社　p.421

7～9. ドナルド・キャメロン・ワット『第二次世界大戦はこうして始まった　上』河出書房新社1995　p.171－172

10. ドナルド・キャメロン・ワット　1995　p．172－173
11. スターリン「党活動の欠陥とトロツキスト的、およびその他の二心者を根絶する方策について」（共産党中央委員会総会報告　1937年3月3日）
12. 亀山郁夫『大審問官スターリン』小学館　2006　p．161
13、14．「『外敵つくり団結』－変わらぬ露　1937年『エジェフ機密書簡』が示すもの」産経新聞　2014年11月20日
15. 和田春樹『スターリン批判1953～56年　一人の独裁者の死が、いかに20世紀世界を揺り動かしたか』作品社　2016　p．10
16. 和田春樹　2016　序章
17. 和田春樹　2016　1－2章
18. イリヤ・エレンブルグ『雪どけ』1954年発表
19. 和田春樹　2016　6章
20. 和田春樹　2016　p．288－91
21. 和田春樹　2016　p．292－95
22. 和田春樹　2016　p．307－09

23. 和田春樹　2016　p. 297-99
24. 和田春樹　2016　p. 299-302、304-05
25. 和田春樹　2016　p. 312-13
26. 和田春樹　2016　p. 314
27. 和田春樹　2016　p. 315
28、29. 下斗米伸夫『日本冷戦史日本冷戦史─帝国の崩壊から55年体制へ』岩波書店　2011　p. 291-92
30. 和田春樹　2016　p. 328-29
31. 和田春樹　2016　p. 348-49
32. 和田春樹　2016　p. 315-16
33. 和田春樹　2016　8-9章
34. 和田春樹　2016　p. 349、315
35. 落合信彦『21世紀への演出者たち　CIA vs KGB』集英社　1984（集英社文庫）
36. "Text of Speech on Stalin by Khrushchev as Released by the State Department"/The New York Times, June, 5, 1956

37．和田春樹　２０１６　p．３５０－５１
38．和田春樹　２０１６　p．３５５－５８
39．松戸清裕『ソ連史』筑摩書房　２０１１（ちくま新書）p．１０４
40．保阪正康『昭和の空白を読み解く―昭和史 忘れ得ぬ証言者たち Part2』講談社　２００６（講談社文庫）
41．雑誌『幻想と批評』（はる書房）1号　２００４

その他の参考資料

R・ダニエルズ　国際社会主義運動研究会訳『ロシア共産党党内闘争史』現代思想社　１９７５
イサド・ベイ　内山賢次訳『狂信の創造者スターリン』論争社　１９６１
アーチ・ゲッティ、オレグ・V・ナウーモフ編　川上洸他訳『大粛清への道　ソ連極秘資料集　スターリンとボリシェヴィキの自壊１９３２－１９３９年』大月書店　２００１
ヴィクター・セベスチェン　吉村弘訳『ハンガリー革命１９５６』白水社、２００８

著者略歴

定塚　甫（じょうづか　はじめ）
定塚メンタルクリニック院長・JMC ストレス医学研究所顧問

1946 年 11 月 9 日、富山県高岡市生まれ。
金沢大学医学部卒業後、名古屋市立大学精神医学教室、国立豊橋病院精神科・心療内科医長、愛知県立保育大学講師、電電公社名古屋中央健康管理所精神科部長などを経て、現在に至る（その間、Bern Univ. UCLA Arvine in USA、Kebec Univ. in Canada にて講義）。
専門は精神神経免疫病理学、精神腫瘍学、性科学、社会精神医学 etc.
主な著書に『こどもの心と身体の健康』『日本の医者は癌と戦えるのか』『凍てつく閉鎖病棟』『うつ病の正しい治療 間違った治療』『性科学』『人格障害』『外科医は内科医に、内科医は外科医に学び、研修医は謙虚に習う』『身体が語る心の声 ―身体言語について―』などがある。
英文書籍
Psychoneuroimmunopathology & Daseinsanalysis,
Introduction to Psychoneuroimmunopathology and clinical practice
Psychopathology explains Endocrino-Immune Responses,
Psychoneuroimmunopathology and etc.

ブダペストの街よりハンガリー全土の平和を祈る

2018年7月30日　第1刷発行

著　者　定塚　甫
発行人　大杉　剛
発行所　株式会社 風詠社
〒553-0001　大阪市福島区海老江5-2-2
大拓ビル5－7階
TEL 06（6136）8657　http://fueisha.com/
発売元　株式会社 星雲社
〒112-0005 東京都文京区水道1-3-30
TEL 03（3868）3275
装幀　2DAY
印刷・製本　シナノ印刷株式会社

ISBN978-4-434-24964-8 C0095